I0489472

حياتي رائعة

-١

-٢

-٣

-٤

-٥

* استخدم ألوان مختلفة

حياتي رائعة

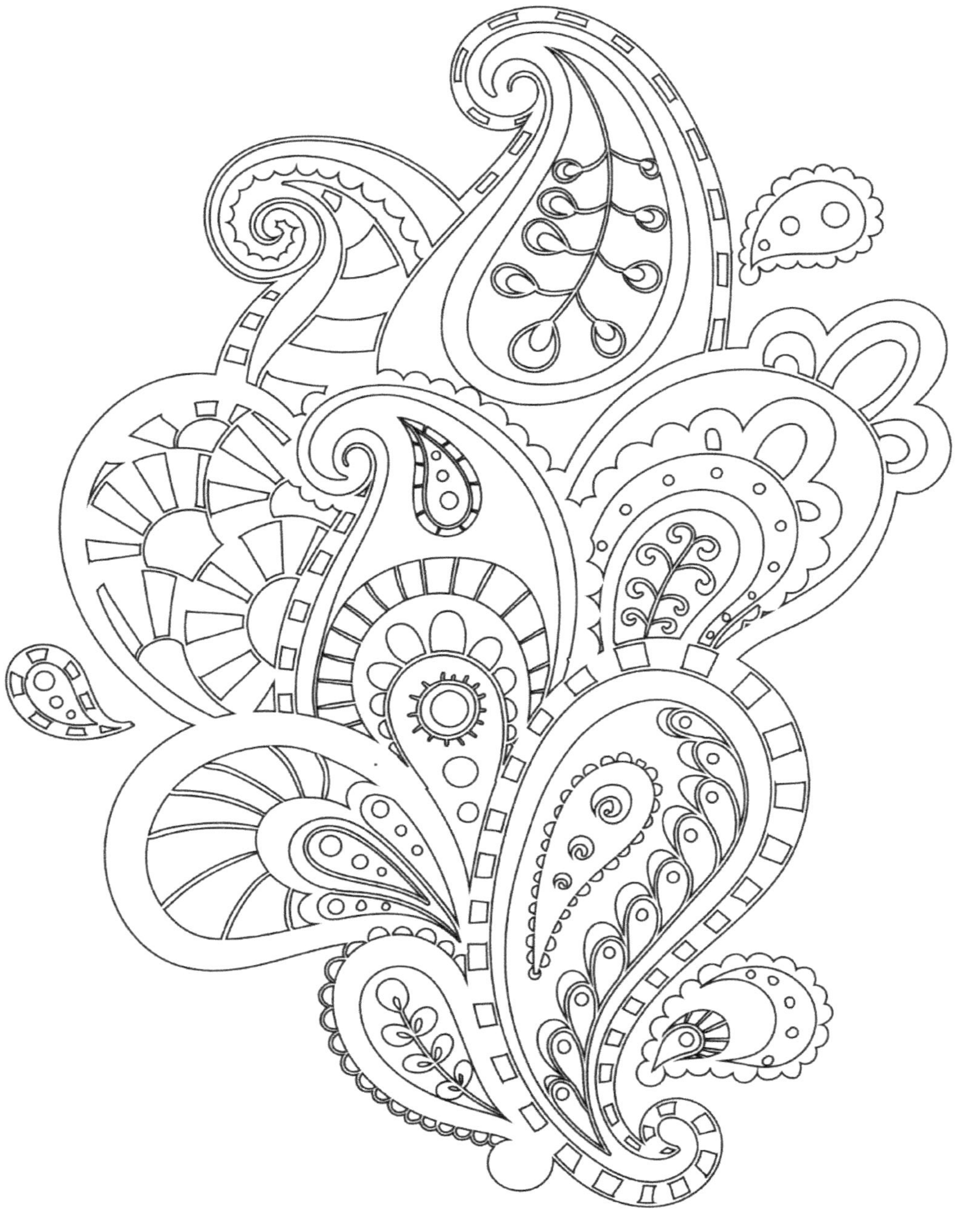

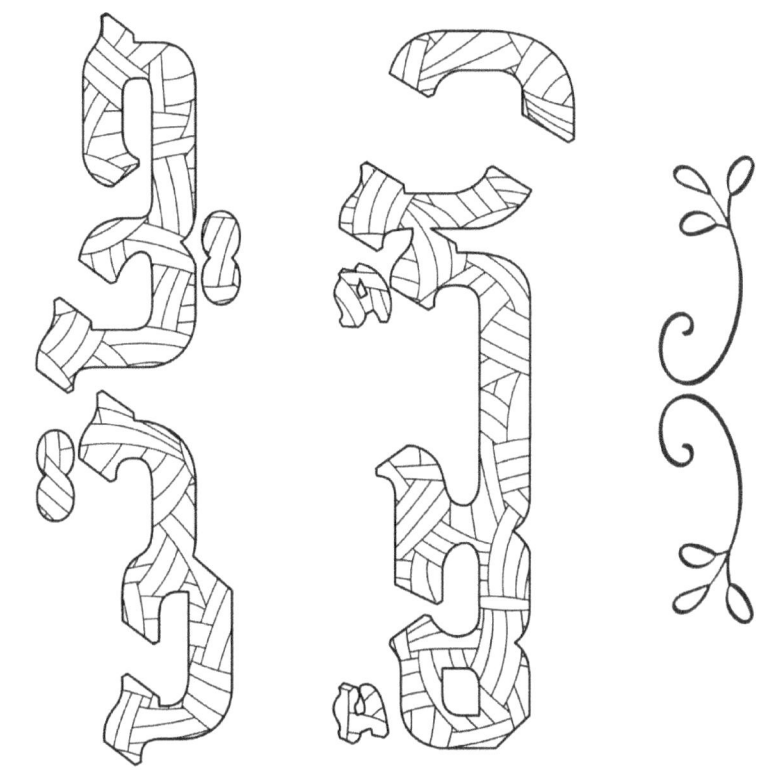

أنا أشعر بالراحة

١-

٢-

٣-

٤-

٥-

* استخدم ألوان مختلفة

أنا
أشعر بالراحة

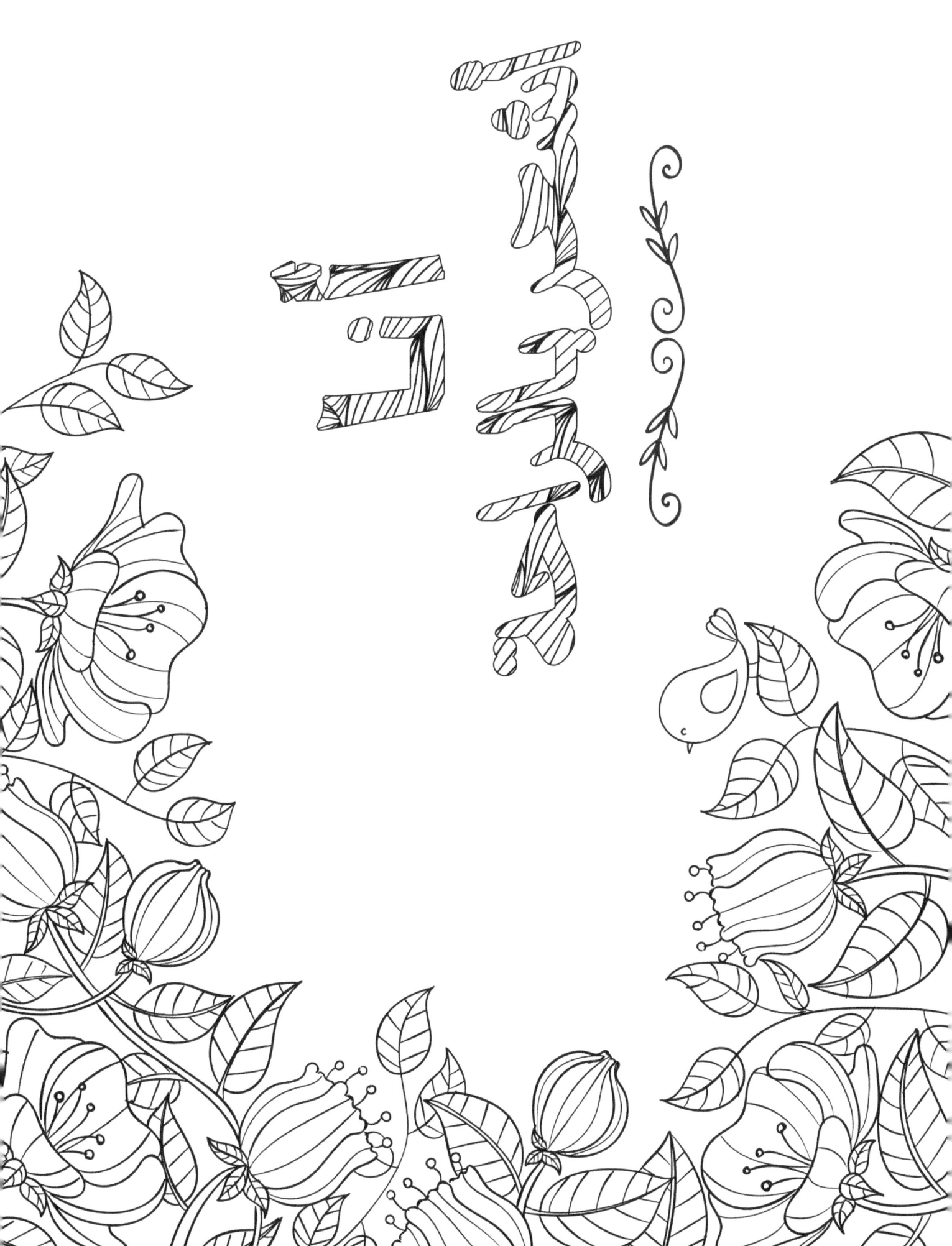

أنا شخص مميز

١-

٢-

٣-

٤-

٥-

* استخدم ألوان مختلفة

أنا
شخص
مميز

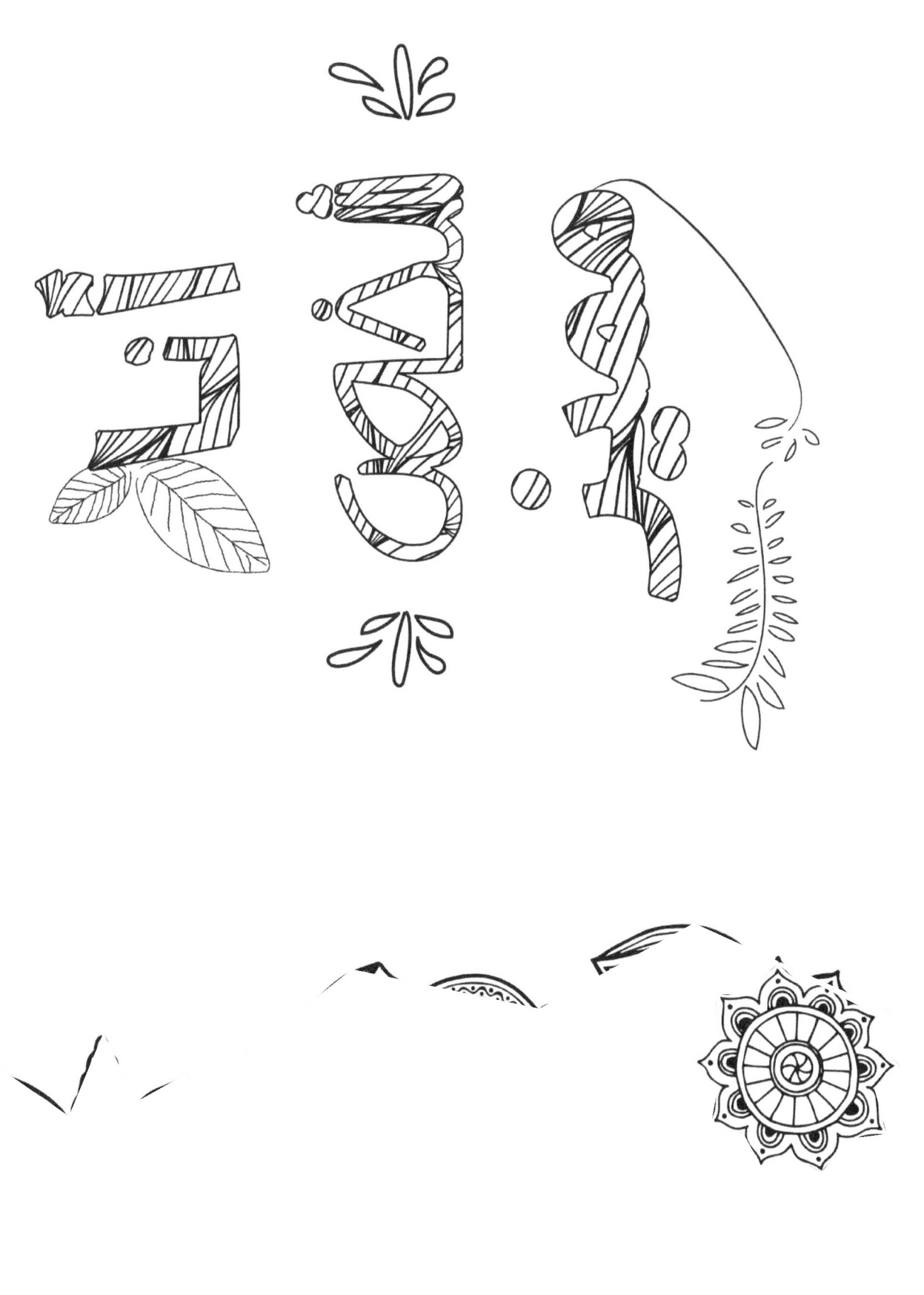

أقوى بذاتي

1 -

2 -

3 -

4 -

5 -

* استخدم ألوان مختلفة

أثق
بذاتي

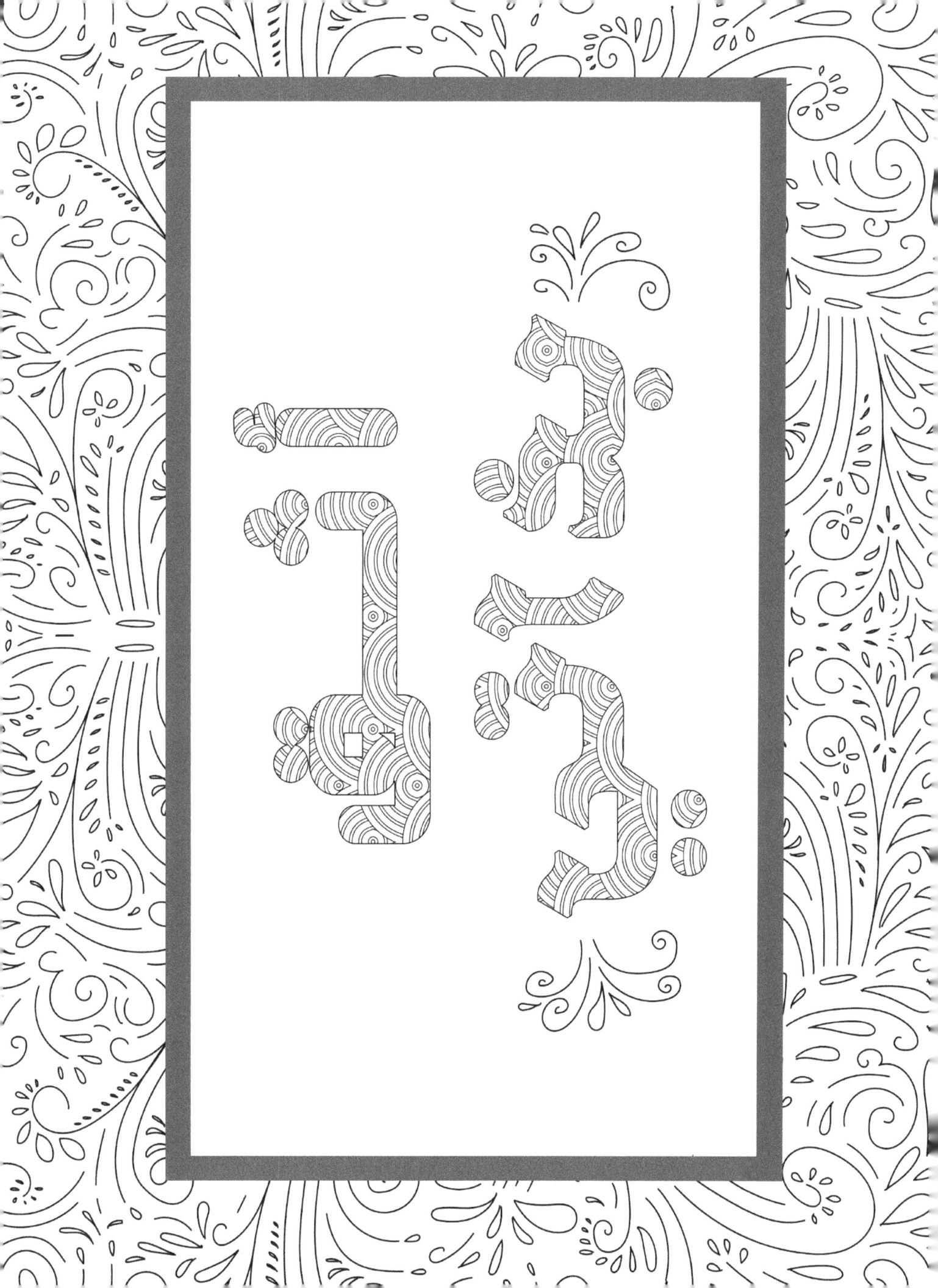

أنا أقدر نفسي

١-

٢-

٣-

٤-

٥-

* استخدم ألوان مختلفة

أنا أقدر نفسي

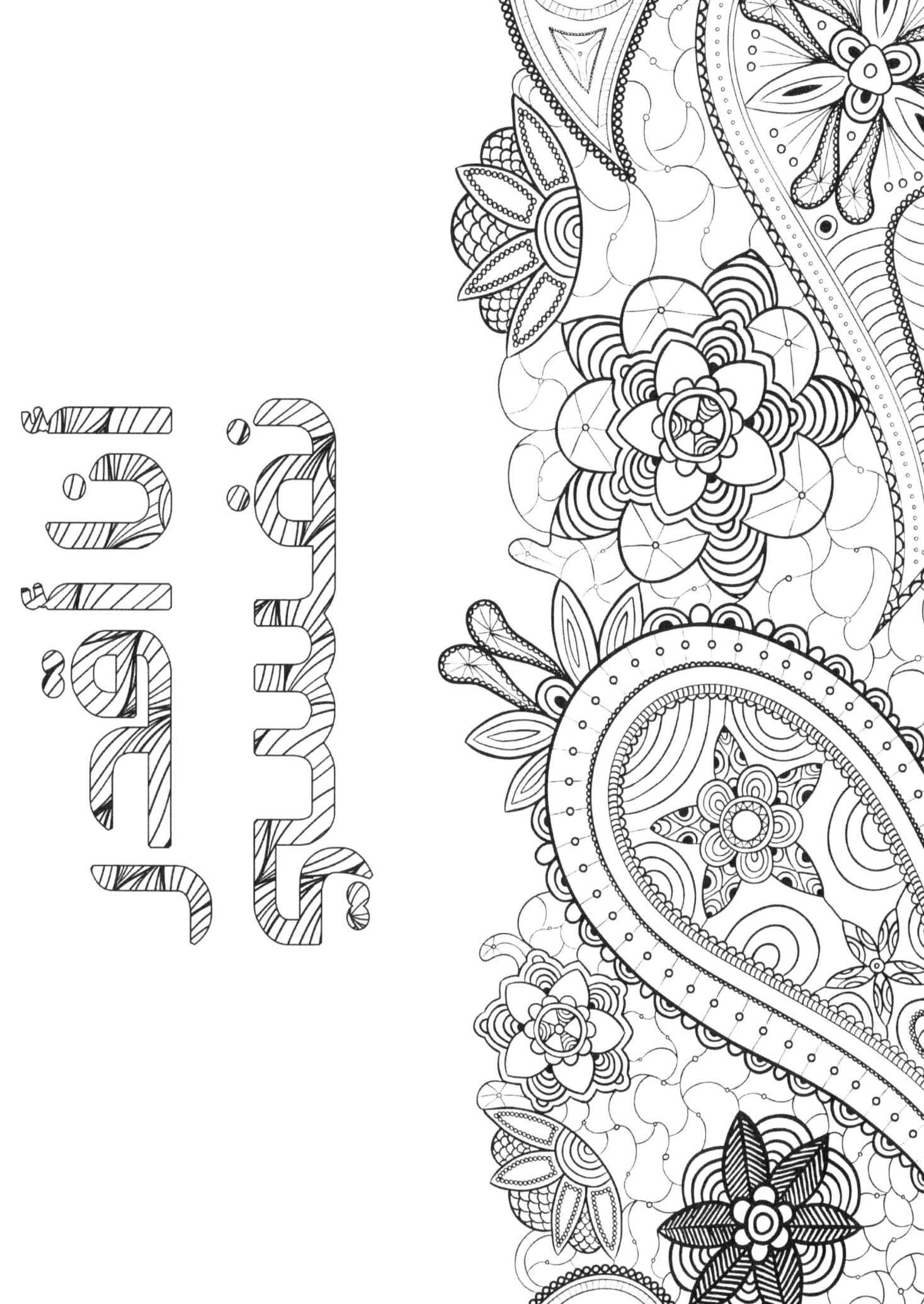

أوظف شخصي ايجابي

1-

2-

3-

4-

5-

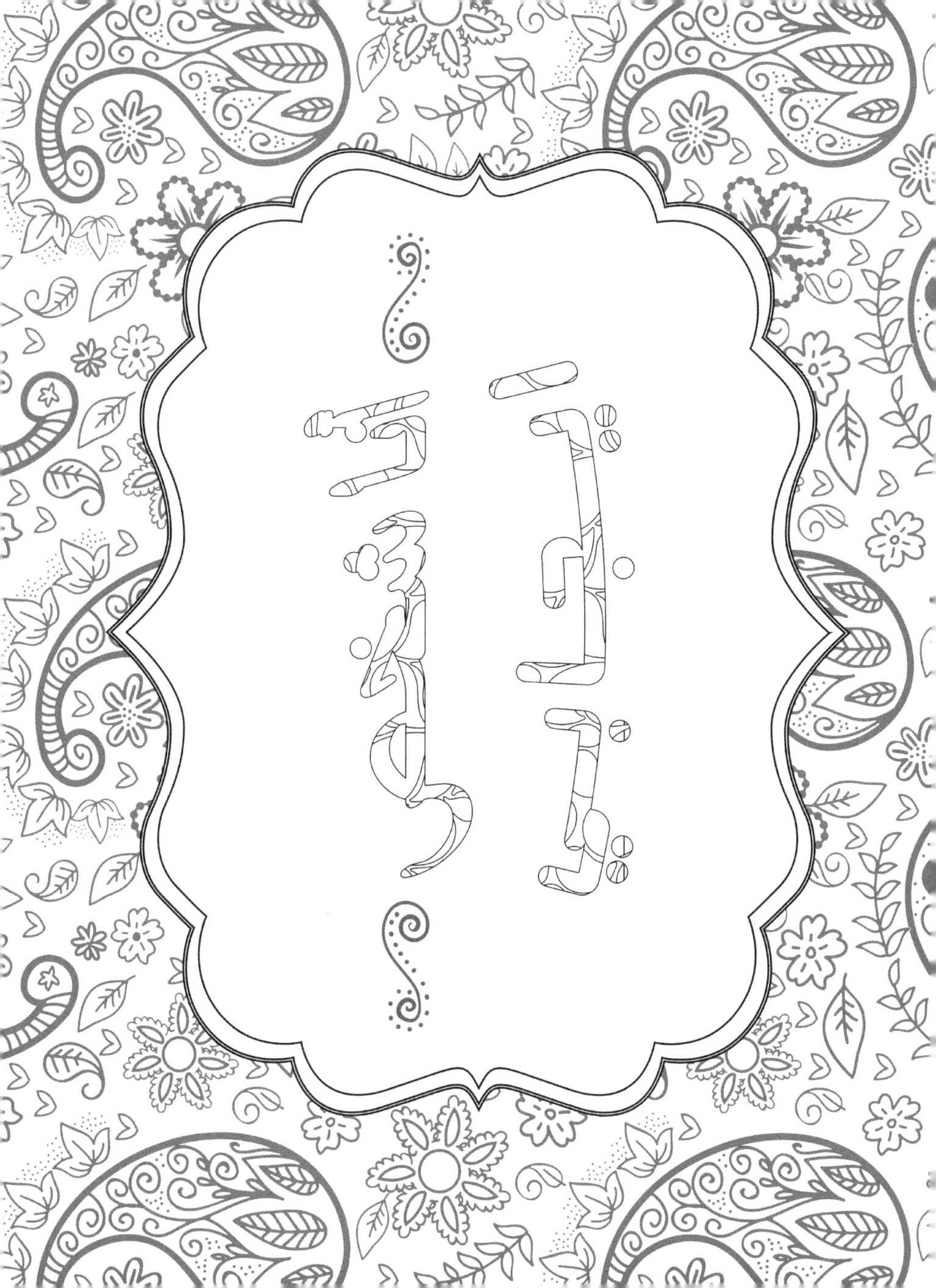

الحياة تقف بجانبي

١-

٢-

٣-

٤-

٥-

* استخدم ألوان مختلفة

الحياة
تقف بجانبي

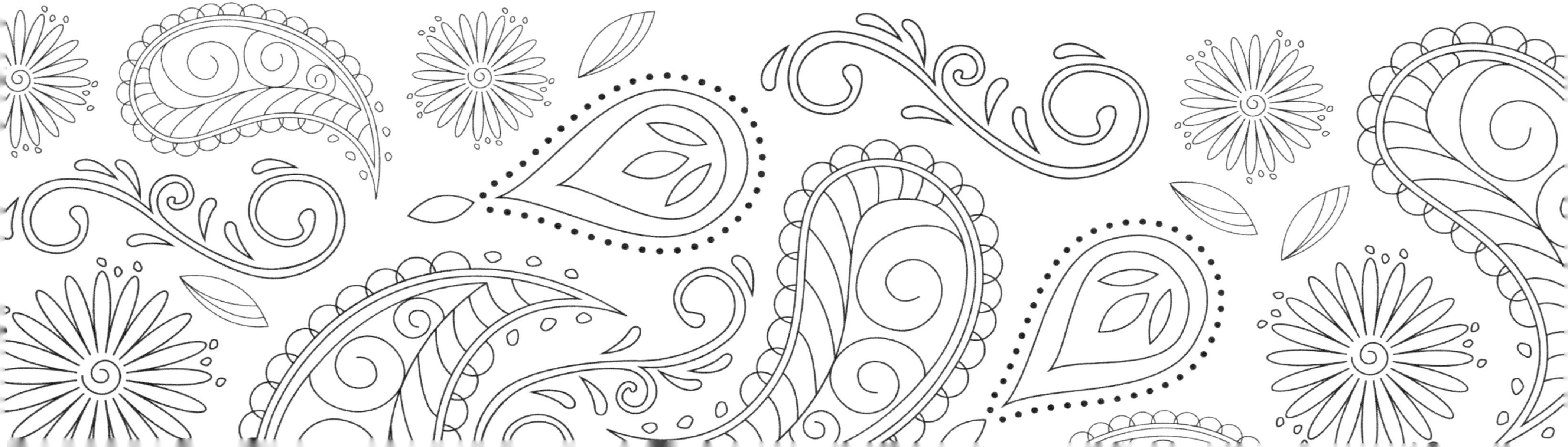

أنا مفتعش

١-

٢-

٣-

٤-

٥-

* استخدم ألوان مختلفة

أنا منتعش

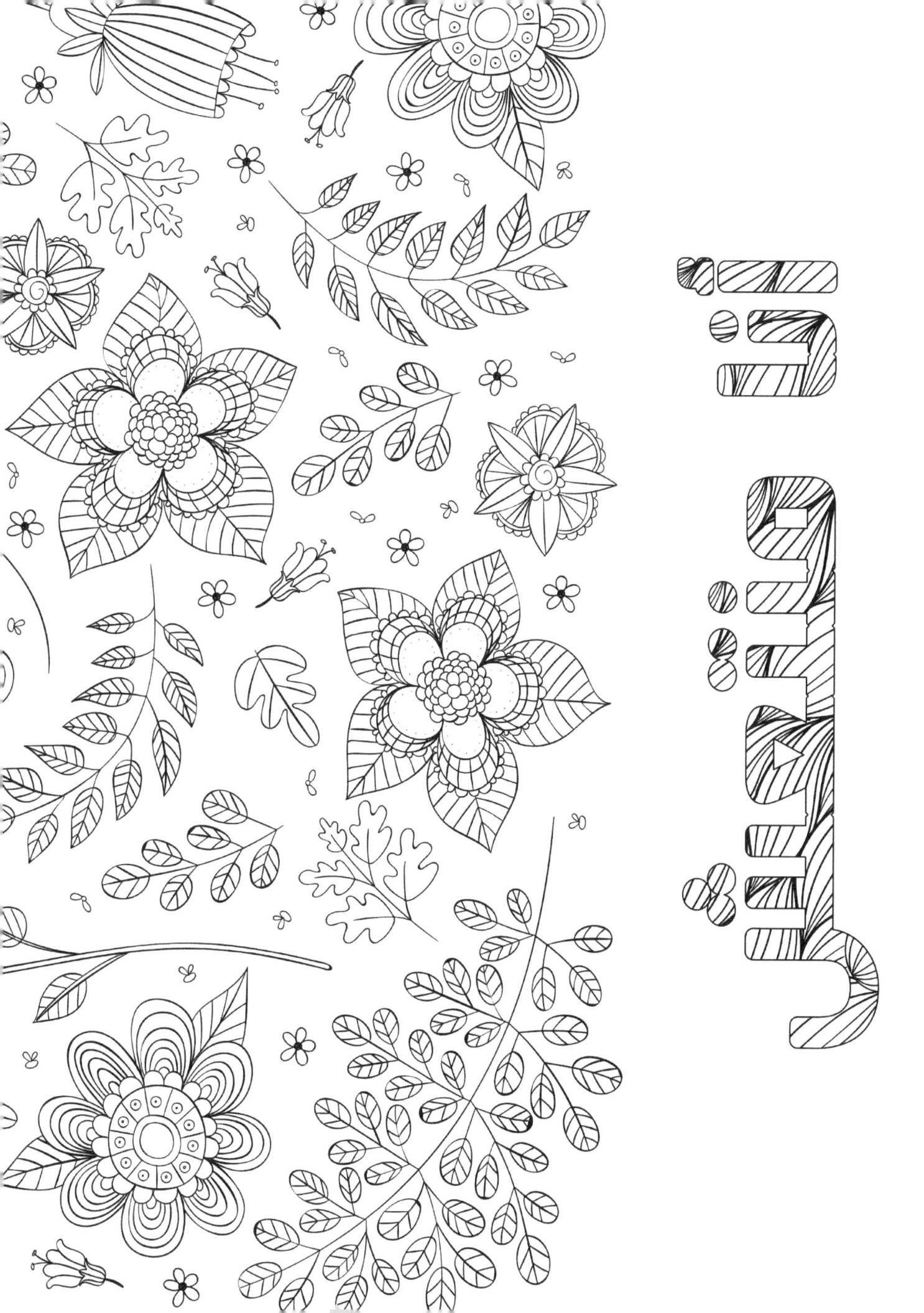

لدي القدرة لفعلها

١-

٢-

٣-

٤-

٥-

* استخدم ألوان مختلفة

لدي
القدرة
لفعلها

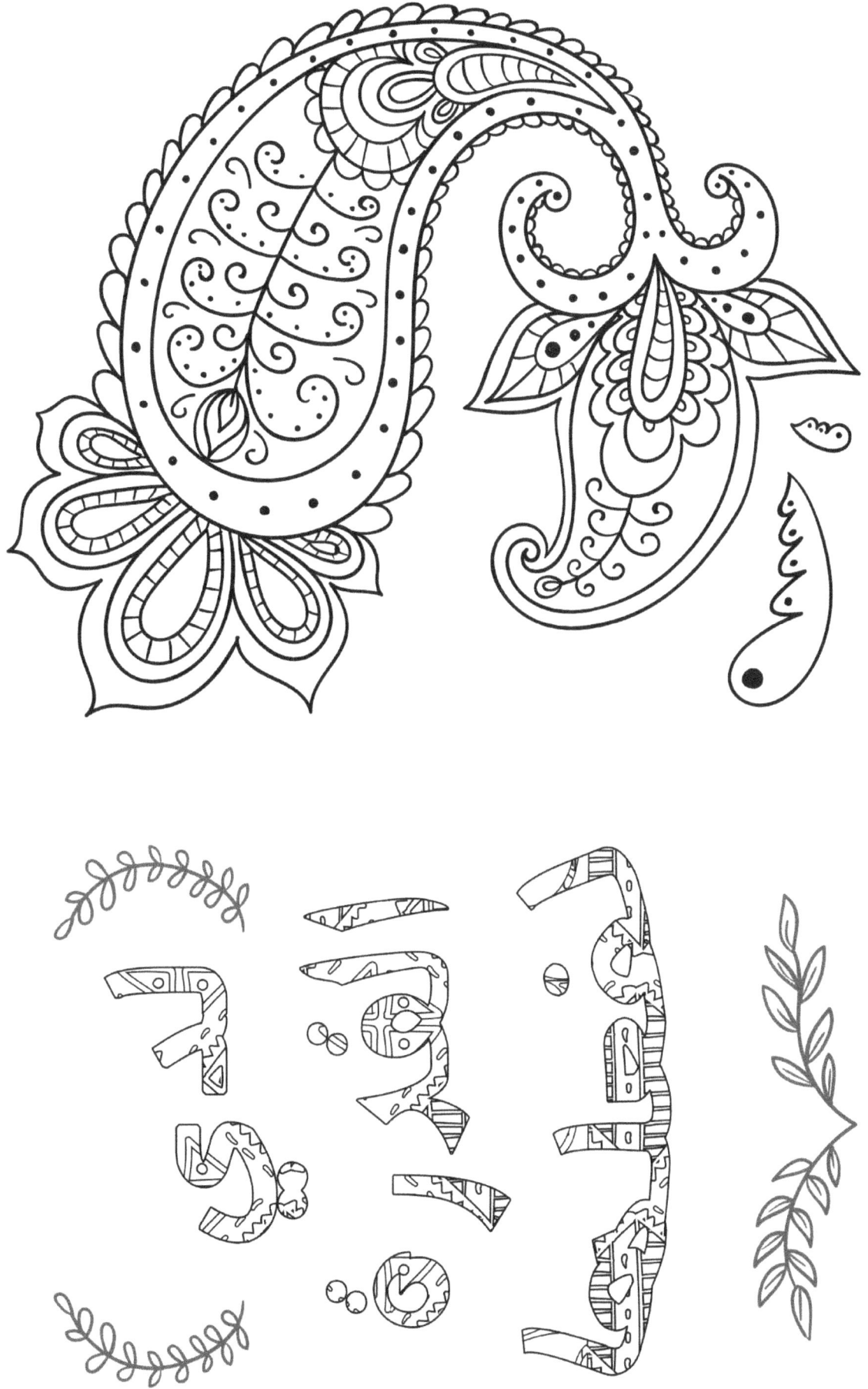

منذ هذه اللحظة سأكون نفسي

١-

٢-

٣-

٤-

٥-

استخدم ألوان مختلفة

منذ هذه اللحظة

سأكون

نفسي

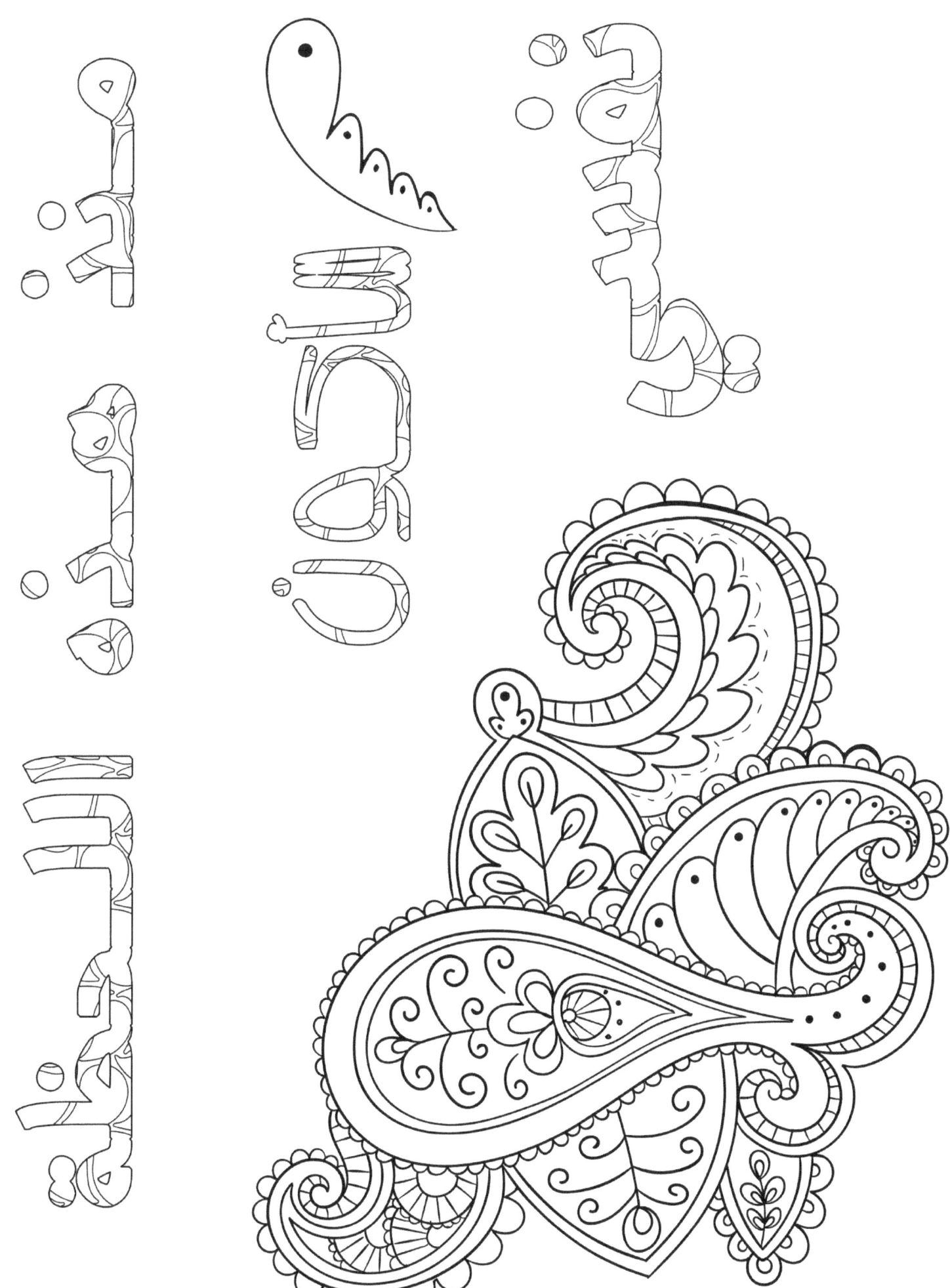

أنا ناجح اليوم

-١

-٢

-٣

-٤

-٥

* استخدم ألوان مختلفة

أنا
ناجح
اليوم

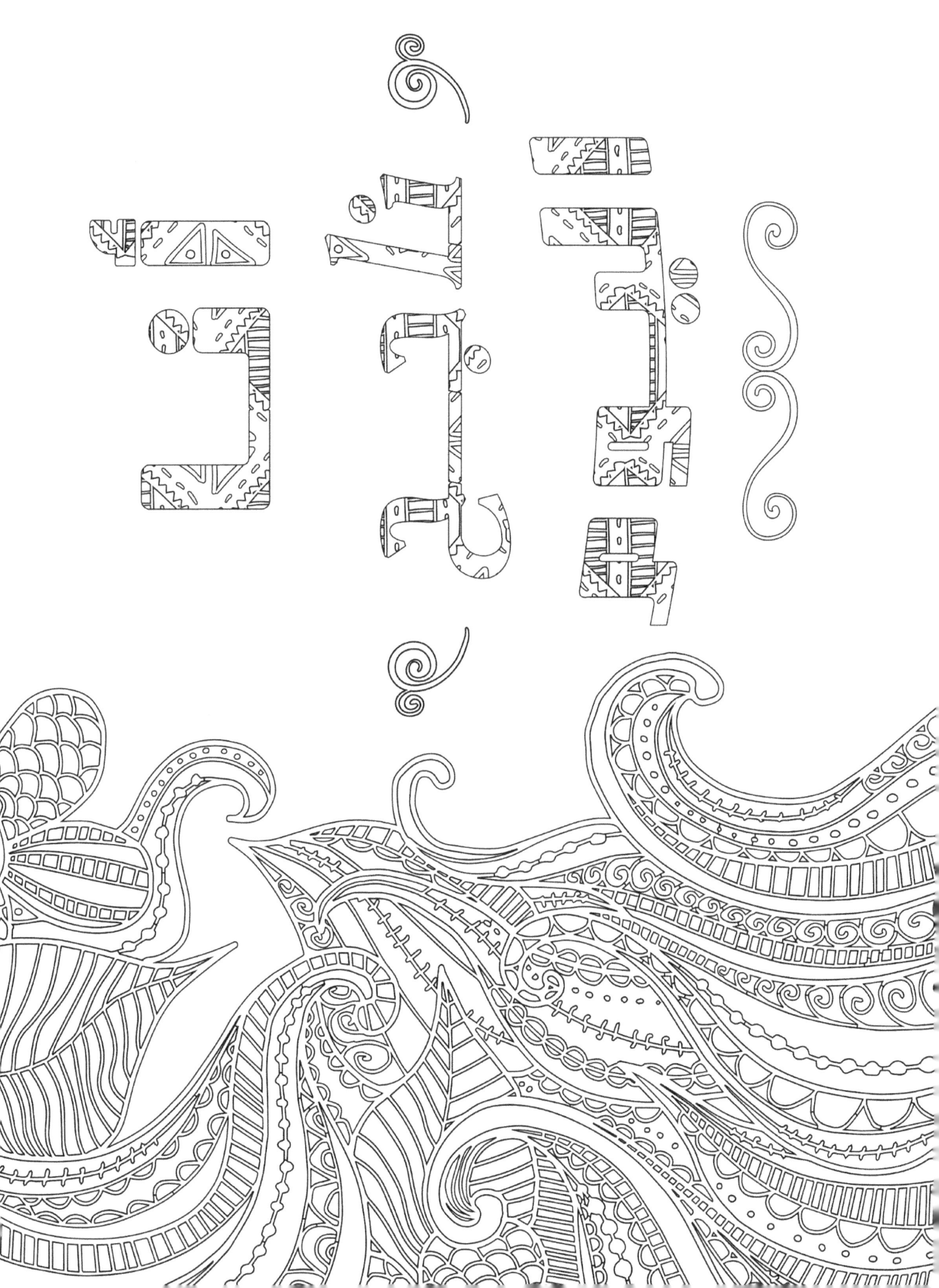

القدوة من صحابتي

١-

٢-

٣-

٤-

٥-

* استخدم ألوان مختلفة

الهدوء من
سماتي

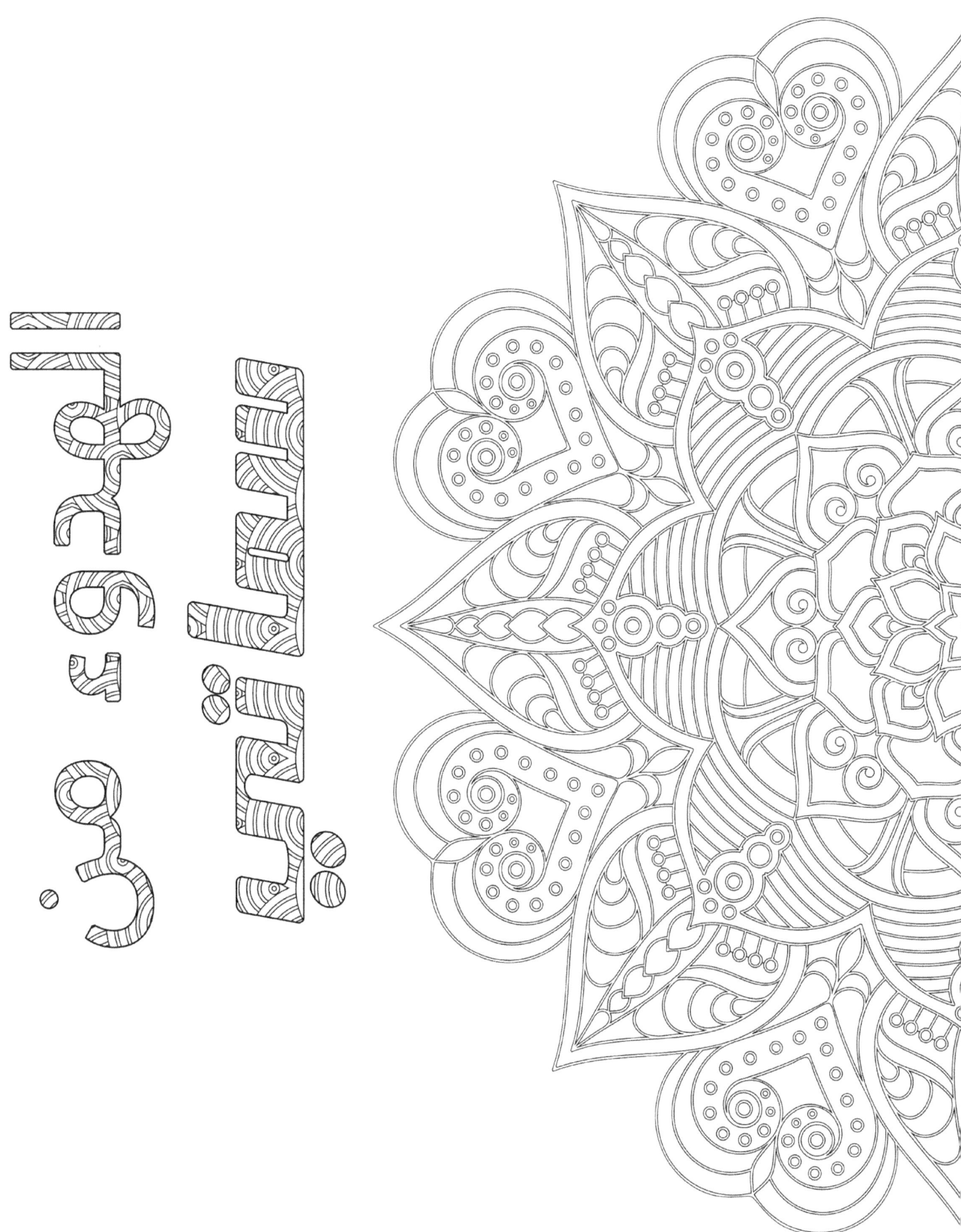

أنا شخص واثق

١-

٢-

٣-

٤-

٥-

* استخدم ألوان مختلفة

أنا
شخص
واثق

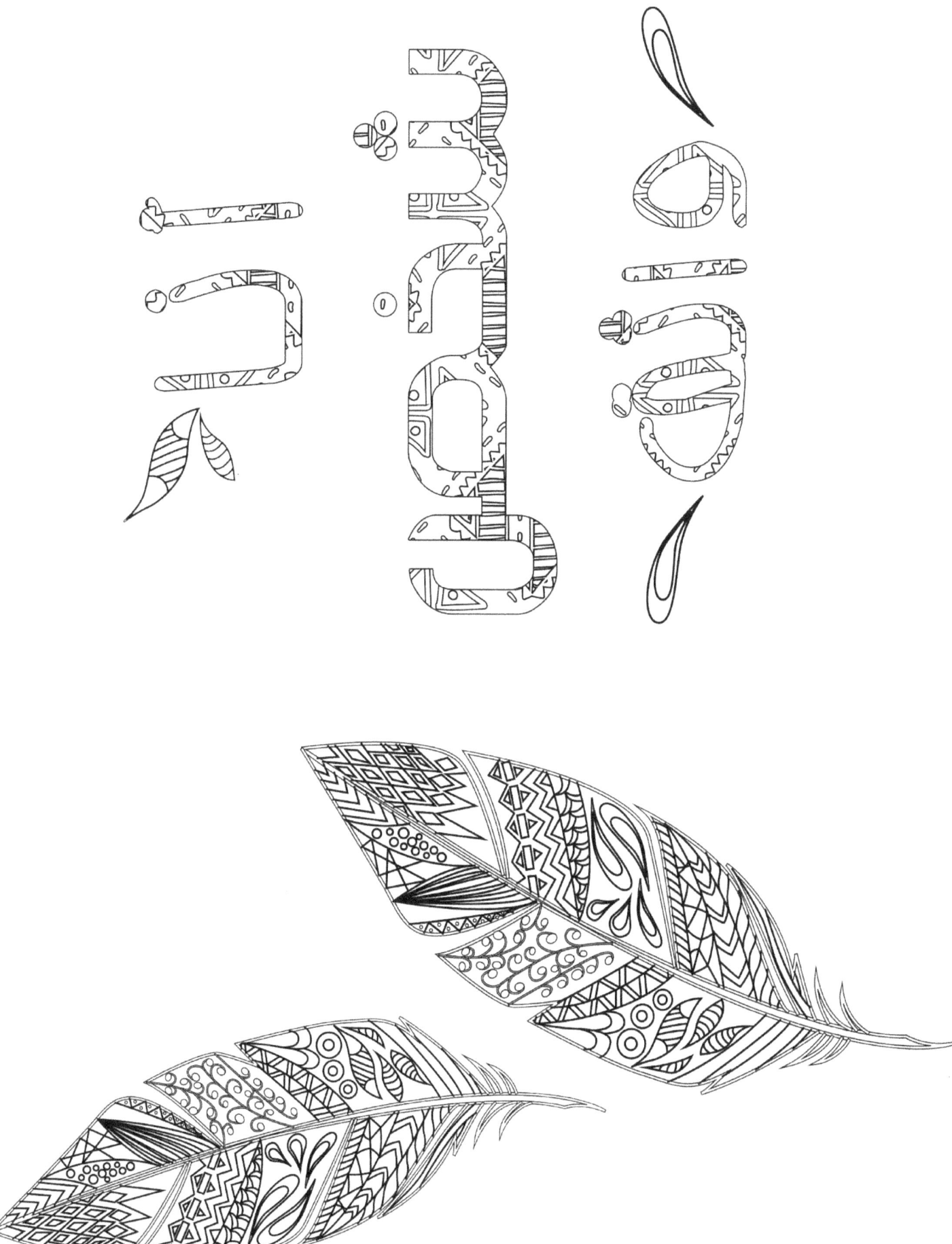

أستطيع فعل أي شيء أريده

١-

٢-

٣-

٤-

٥-

* استخدم ألوان مختلفة

أستطيع
فعل
أي شيء
أريده

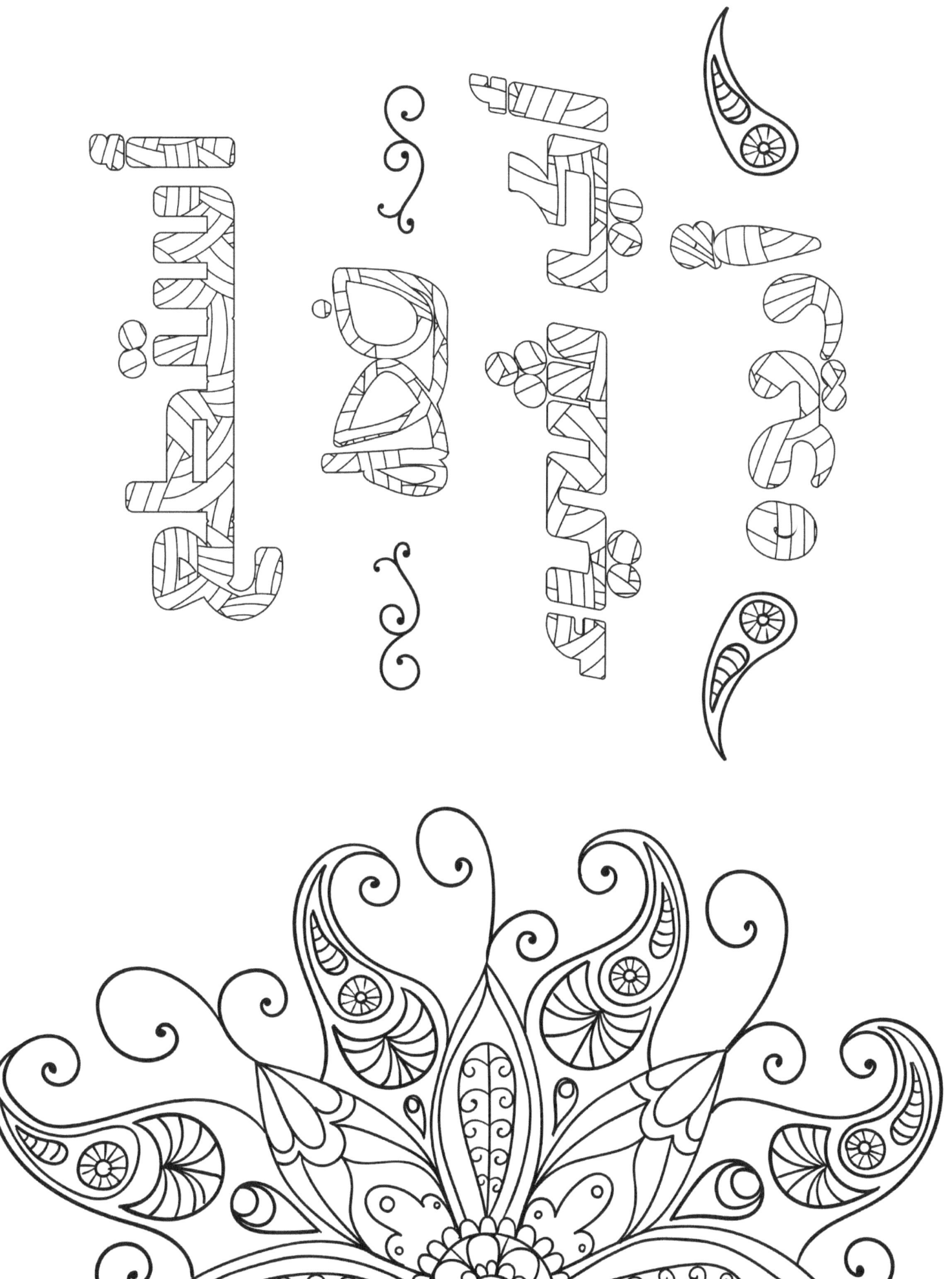

أنا أجذب الأمور الجيدة نحوي

١-

٢-

٣-

٤-

٥-

أنا أجذب الامور
الجيدة نحوي

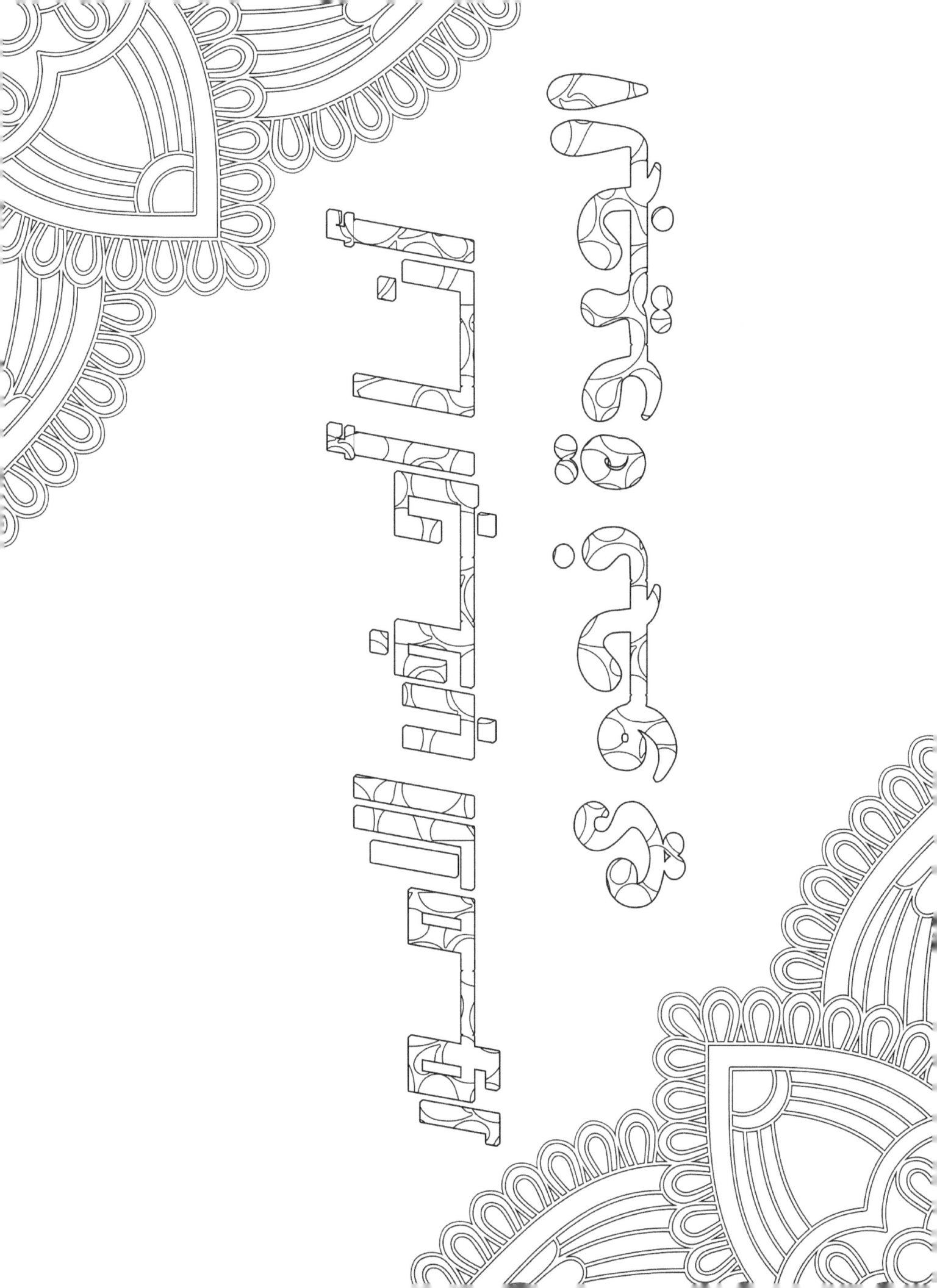

أشعر بالحماس

-١

-٢

-٣

-٤

-٥

* استخدم ألوان مختلفة

أشعر بالحماس

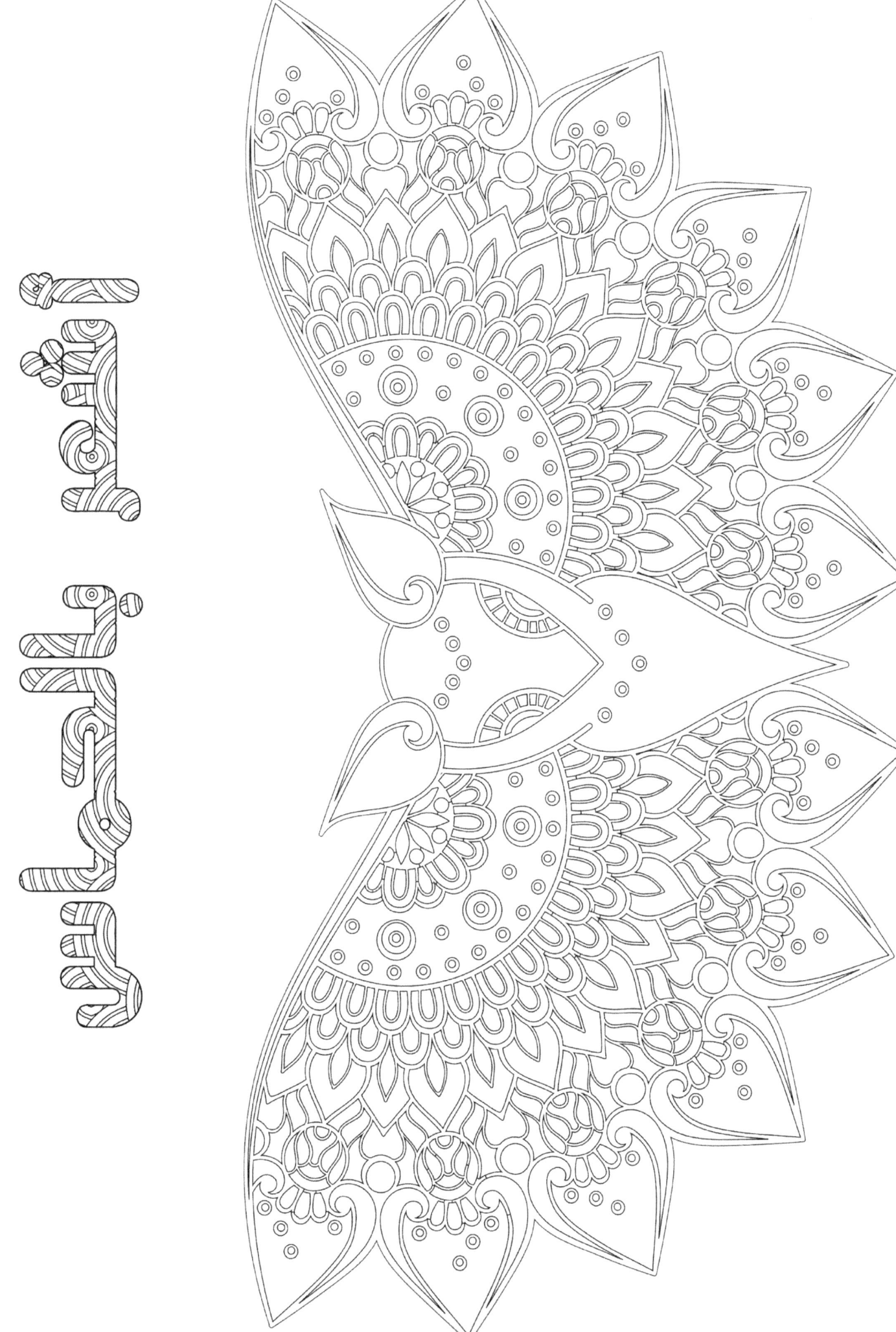

أنا الفائز دائماً

١-

٢-

٣-

٤-

٥-

* استخدم ألوان مختلفة

أنا الفائز

دائماً

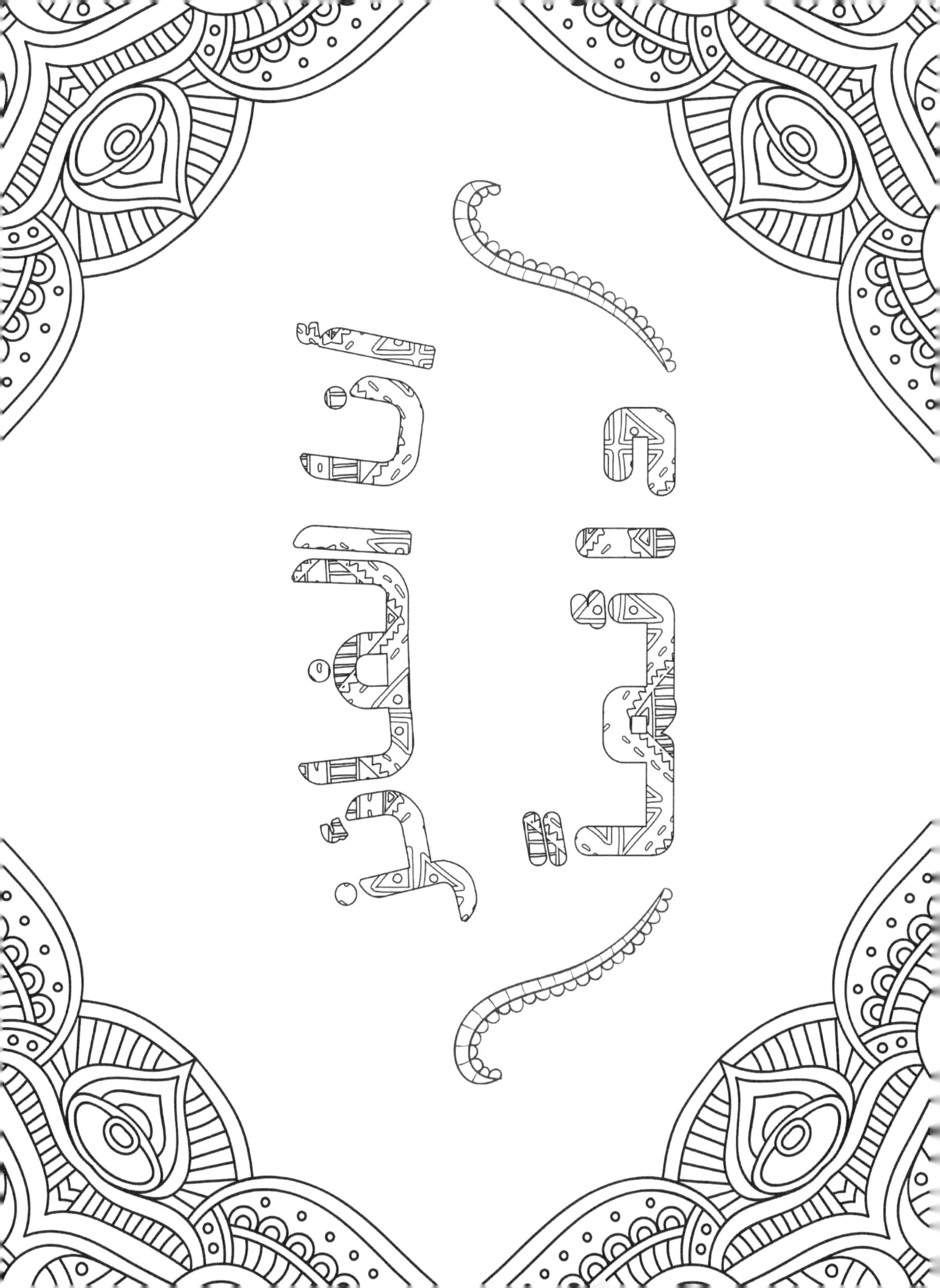

اليوم أشعر بأنني الأفضل

١-

٢-

٣-

٤-

٥-

* استخدم ألوان مختلفة

اليوم
أشعر
بأنني
الأفضل

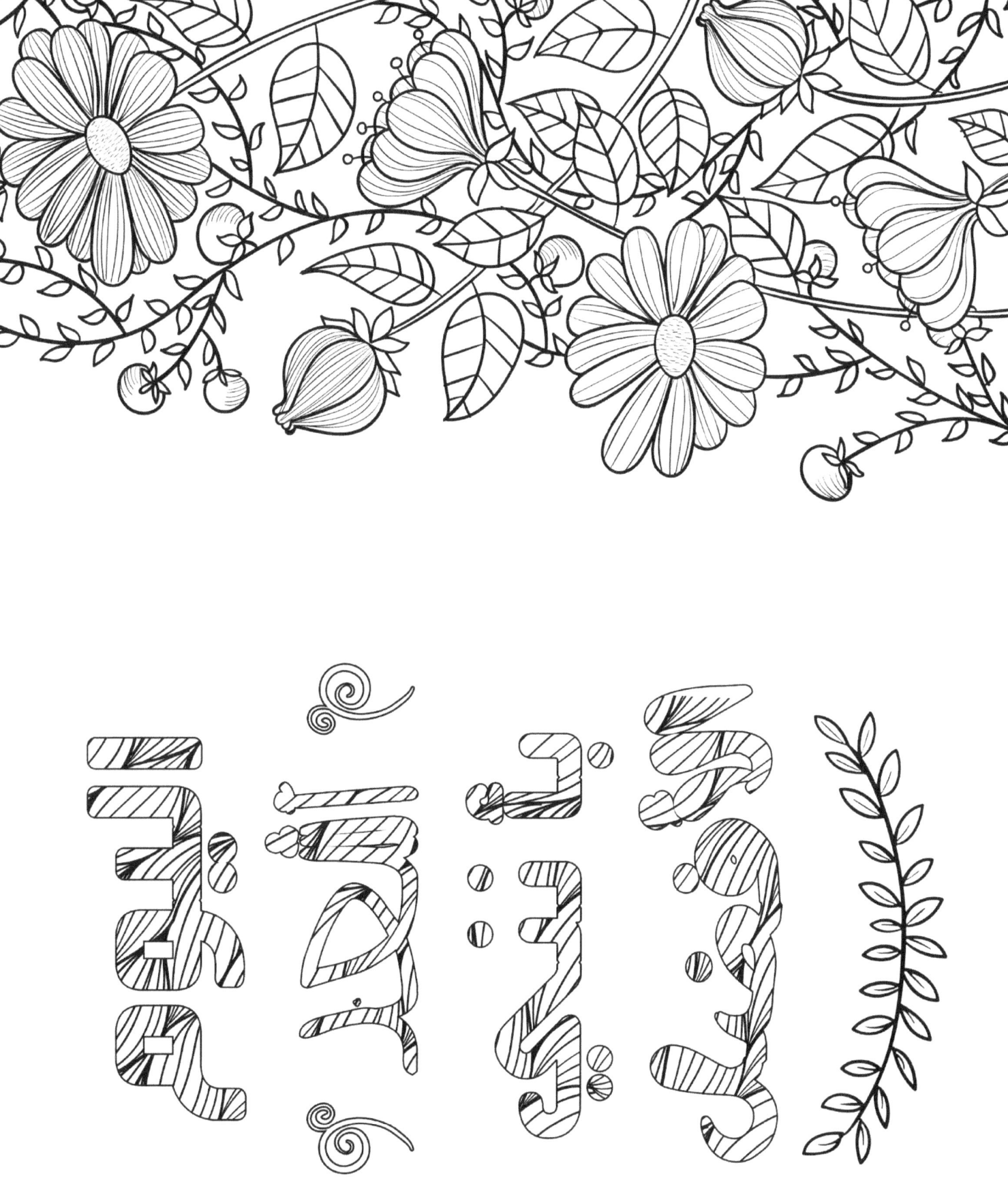

أحب الحياة

١-

٢-

٣-

٤-

٥-

* استخدم ألوان مختلفة

أحب
الحياة ...

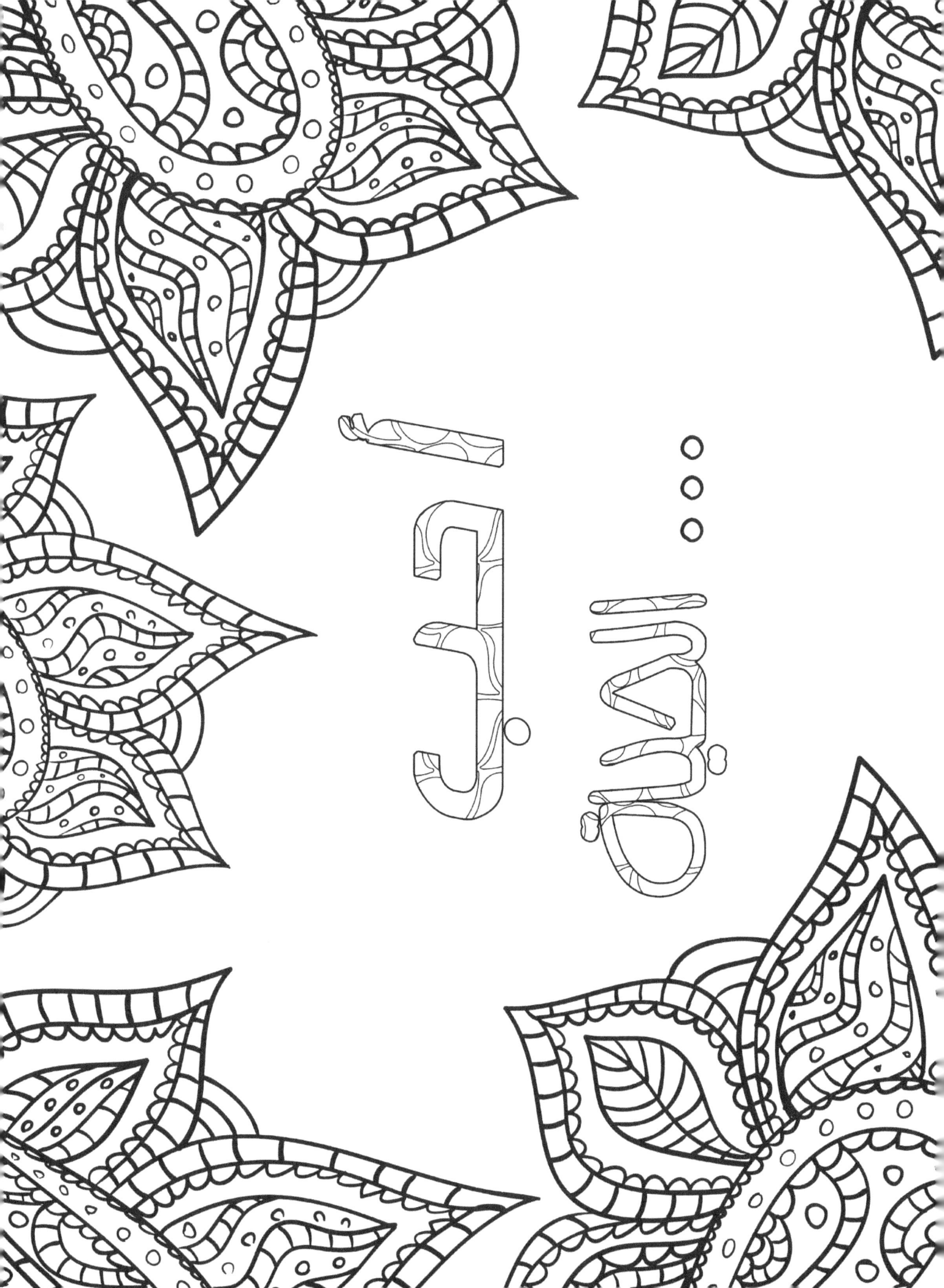

أنا سعيد

١-

٢-

٣-

٤-

٥-

استخدم ألوان مختلفة

أنا
سعيد

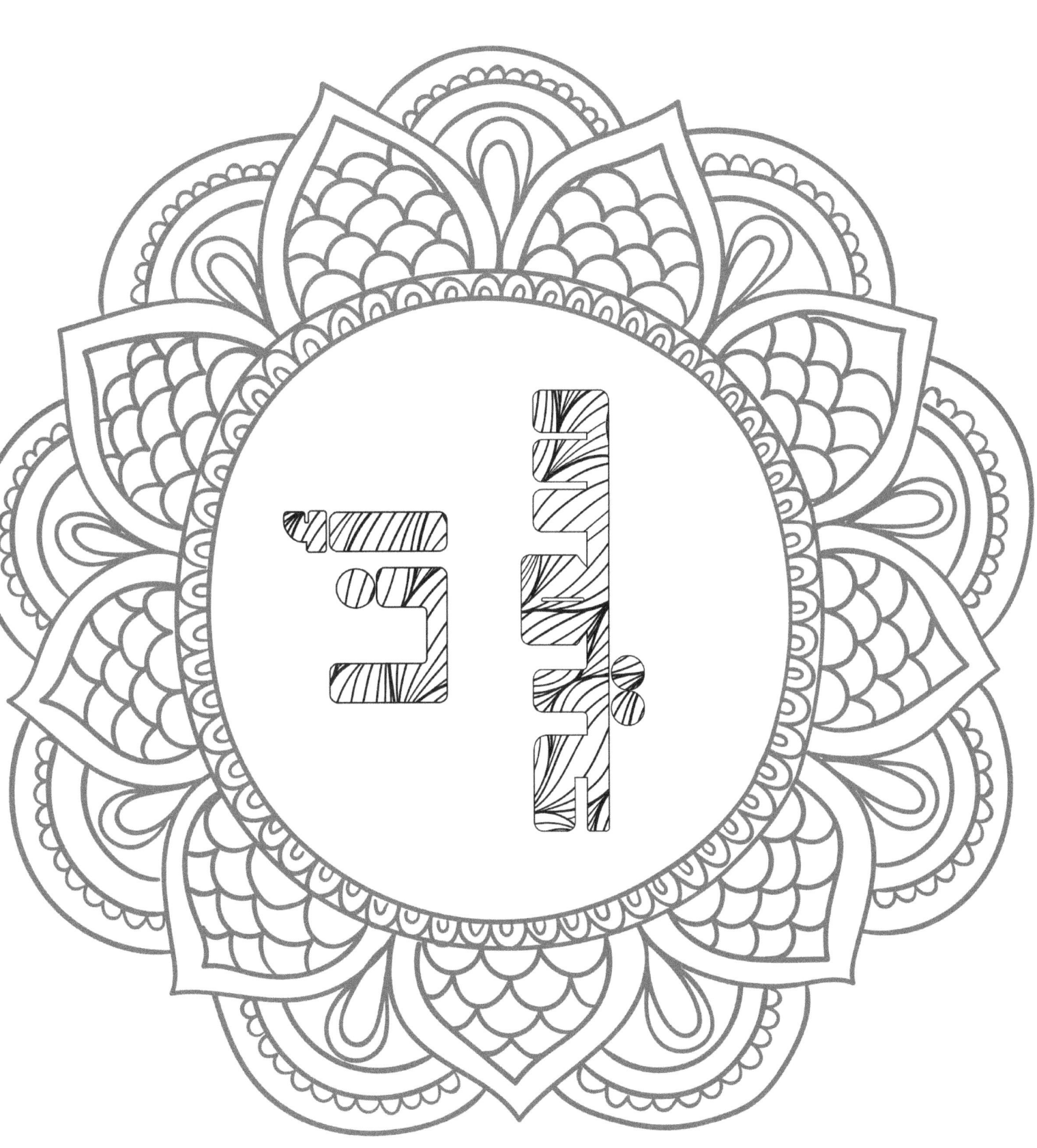

لقد تحسن مستواي

١-

٢-

٣-

٤-

٥-

* استخدم ألوان مختلفة

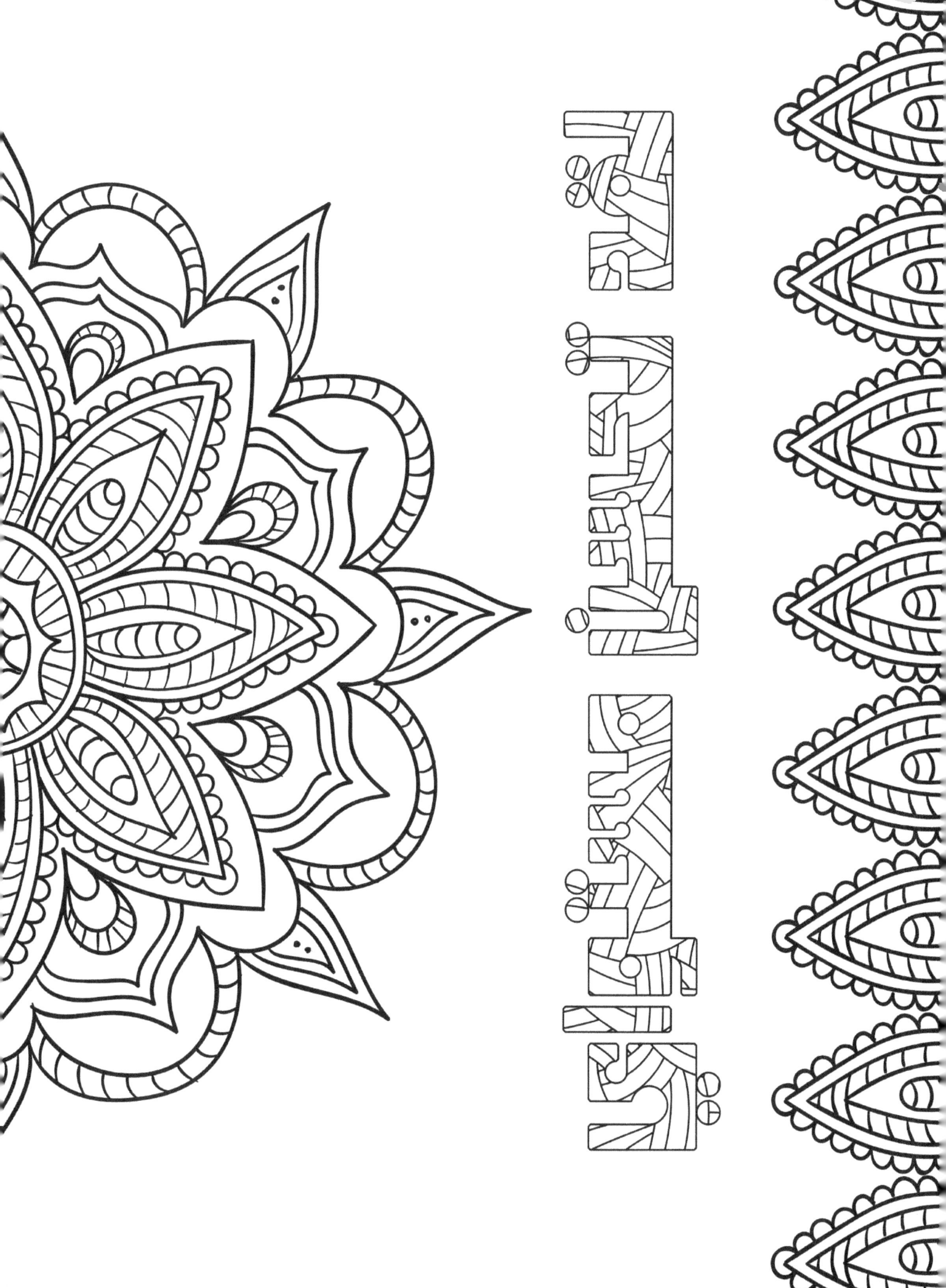